El Terror de la Casa

escrito por Rose Impey

ilustrado por Sue Porter

ANAYA

Cuando mi hermano era pequeño,

era un bebé sonrosado y encantador.

Pero aquello no duró mucho…

A los dos años,
se convirtió en un monstruo.
Desmontó los controles de la tele.

Metió zanahorias en la lavadora.

Mamá y yo le llamamos

"El Terror de la Casa".

A los tres años, metió el monedero

de mamá en la taza del retrete.

Les cortó el pelo a mis muñecas.

A los cuatro años...

se dedicó a pintar por las paredes.

Arrancó las flores de mamá.

Ahora tiene cinco años

y ha empezado a ir al cole.

—¡Pobre maestra!

—decimos mamá y yo.

...pero le adoramos.